LOS SUEÑOS AÉREOS

La Fea Burguesía
— POESÍA —

Murcia
2024

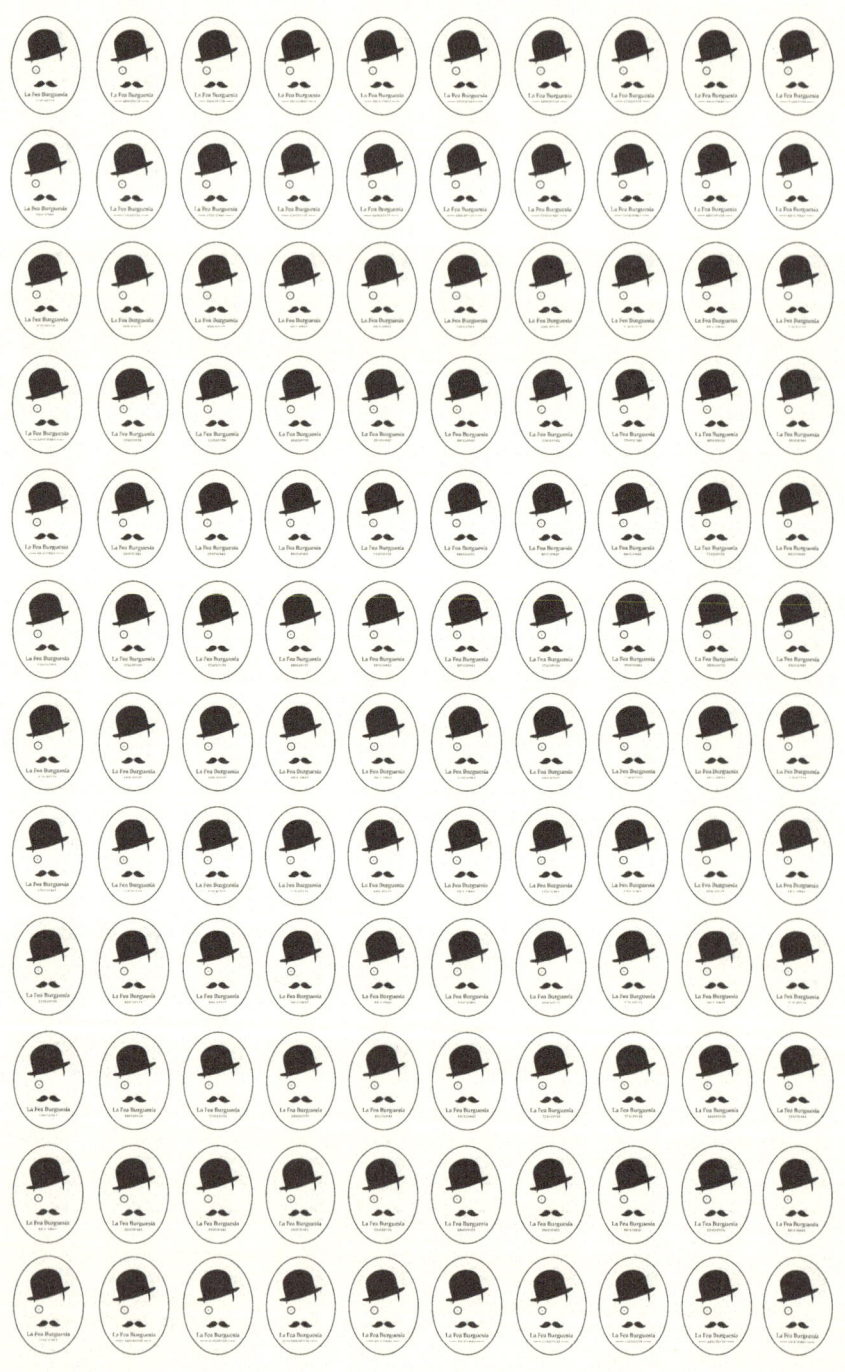

LOS SUEÑOS AÉREOS

JESÚS MONTOYA JUÁREZ

La editorial es consciente de la necesidad
de los recursos naturales para consumir cultura
y de la colaboración en la conservación del medio ambiente.
Así pues, por la impresión de este libro, ha plantado
una ciprés (*Cupressus*) en el paraje
de El Horno en Cieza (Murcia)

«Los sueños aéreos»
© Jesús Montoya Juárez, 2024
© La Fea Burguesía Ediciones, 2024
Grupo Editorial Tres y Libros, SL
Murcia, España.
www.lafeaburguesia.es

Cubierta: Cristina Morano
Maquetación: Fernando Fernández Villa

Primera edición: octubre de 2024
IBIC: DCF
ISBN: 978 84 128591 9 5
Depósito legal: MU 1182-2024

Printed in Spain - Impreso en España

Índice

INFERNO

PURGATORIO

PARADISO

A mis hijos, con todo el amor

Era el mejor de los tiempos, era el peor de los tiempos, la edad de la sabiduría y también de la locura; la época de las creencias y de la incredulidad; la era de la luz y de las tinieblas; la primavera de la esperanza y el invierno de la desesperación.

Charles Dickens.

Inferno

VIAJE A MARTE

Tenemos la sensación de ir dejando la Tierra poco a poco.
Como en un viaje a Marte.

Es raro. O más que eso.

El planeta rojo no se ve, oculto, tal vez detrás de la cara
vista de una luna que se ríe sin mirarnos.

El planeta rojo es invisible.
Solo queda el espacio flotando a nuestro lado.
Silencios siderales de estrellas diminutas, parpadeando,
y nuestras voces, en algodón y cloroformo,
amordazadas, sin eco.

Luego se puede ver la Tierra, ahí abajo,
tan redonda, o ahuevada, o como sea nuestra hermosa
Tierra sin países,
una bola amorfa y querida yéndose
(o quedándose)
despacio.

Nada ata nuestros pies en la ingravidez del espacio, pero,
por alguna razón,
las miradas se detienen en aquello que se pierde,
esa Tierra nuestra, a la que, por vez primera caemos en la
cuenta,
nunca regresaremos.

Nuestro destino es Marte. Con sus cráteres. Solo eso.

La Tierra será una mota de polvo, una migaja
de carbono, lentilla de nitrógeno y oxígeno casi
transparente.

Nosotros estaremos en este viaje a Marte sin retorno.

Nuestras vidas,
proyectiles de una catapulta silenciosa,
son extraños en el viaje a Marte.

Tras haber despegado,
ahora,
en la inmensa soledad de este océano vacío,
comprobamos con horror fascinante que nada hay útil
en este movimiento,
que todo habrá de ser aprendido de nuevo,
inventado de nuevo.

No sabemos de quién fue la idea.
Probablemente, fue él quien la tuvo.

Nada importa: Marte nos espera.

O algo que es aún más lejos.

El espacio. Solo eso.

Quería deciros que ya estamos viajando.
No os extrañe si no nos encontráis donde siempre.
Lo sentimos: no podíamos quedarnos.

Tuvimos que partir
en su busca

y ahora estamos aquí, despiertos, oyéndolo roncar,
suavemente,
en el centro del universo,
entre cables y máquinas,
atravesando el frío del silencio negro.

Si unas noches saltan en otras, como blandos animales
de agua,
este poema prefigura toda la oscuridad.
Son los primeros días del mes de mayo
y el mundo ya no existe.

LOS LIBROS Y LA NOCHE

Si hubieran indicado
una arteriografía antes de la hemorragia
o hubieras preguntado por un dolor ridículo
una vez, hace años;
si hubieran asociado algún leve mareo
al daño neurológico;
si algún síntoma previo lo hubiera delatado;
si los quince minutos que demoraste en traerlo
al hospital no hubieran existido;
si la sangre se hubiera detenido en su cráneo
no corriendo veloz cavidades oscuras;
si no te flagelases con preguntas estúpidas;
si la culpa no fuera un atroz mecanismo
que vuelca hacia nosotros el peso del tablero,
nuestros pies pisarían el exacto presente
donde las cosas son –y no son de otro modo–
por una maquinaria divina o azarosa.
Reiríamos, entonces,
la nítida ironía que dicta la genética
como Borges reía la ironía
de dios al entregarle al mismo tiempo
los libros y la noche.

LASCIATE OGNI SPERANZA, VOI CH'ENTRATE

(Cantos desde la UCI)

I.

(Hospital Virgen de La Arrixaca - UCI pediátrica)

Il Sommo Poeta imaginó el infierno
como un cono invertido
excavado en la roca
 en forma de espiral. Y, con arreglo
a los saberes de la época,
en él pintó un catálogo
de horrísonos castigos.
Mas no puede leerse
ninguno en el *Inferno*
que muestre un parecido razonable
con esperar treinta días a que tu hijo despierte.
Pellizcarle su brazo
treinta días después
y no traerlo del sueño.
Perder la noción de los días y las noches
durante treinta días.
Volverte loco hablándole,
con tu voz ya quebrada,
rememorando escenas felices
treinta días después.
Viéndolo caminar
de tu mano, de vuelta del colegio,
durante treinta días,
en turnos de ocho horas,
contándole sus cuentos favoritos,

como si el mundo siguiera
–esa bola de piedra
que naufraga cansada en el espacio–
treinta días más tarde,
pero no.

II.

Habríamos querido
hallar una metáfora:
una cinta que anude
palabras imposibles.
Decir, en vez de amor,
la canción que conjura
la vértebra del miedo.
En lugar de esperanza,
la roca que sujeta
un universo oscuro.
En lugar de milagro,
una liebre que huye
entre dientes de lobo
por cristales de nieve.

Mas el poema es este.
Desnudo. Literal.
Una lengua vacía de metáforas.

Eso necesitamos.

III.

A los padres que no lo lograron

(Nota al pie)

Hay un décimo círculo
donde rinden tributo
quienes velan el sueño
de los inocentes.
En él estáis los padres
de los niños sin alas,
caídos,
como flores bajo este mar nocturno
aguardando
la luz.

IV.

(Turno de mañana - UCI pediátrica)

¿Por qué lo llaman coma
si, en el fondo, se trata
de puntos suspensivos
que escriben el futuro entre paréntesis,
si sus interrogantes
son dos caballos negros
que atraviesan la noche
y nos arrastran violentos
por un desfiladero
que va hacia la locura,
si el sueño nunca llega a rescatarnos,

si nunca es la bisagra
capaz de dar la vuelta al pensamiento
y nos devuelve siempre
al punto de partida
en la página en blanco
de cada amanecer?

V.

(Resonancia)

Lasciate ogni speranza, voi ch'entrate,
leyó Dante al cruzar las puertas del infierno.
Eso es un cien por cien: no exageremos.
Nosotros, sin embargo,
basándonos en la prueba de imagen,
en un noventa y nueve coma noventa y nueve
por ciento recomendamos
–tal fue nuestro trabajo en estas seis semanas–
que pierdan toda esperanza.

VI.

(Turno de noche - UCI pediátrica)

En esta madrugada,
tantos años después,
en este duermevela
donde el tiempo está roto,
la sombra tras tus pasos
dibuja tu destino

y entre el niño que fuiste
y el adulto de hoy media
un viaje intergaláctico.

En esta noche ingrávida,
tras tu metamorfosis,
eres tan solo el padre,
incluso si te acodas en la mesa
de un abyecto casino
varado en la autopista.
Incluso si agotaste ya las fichas
y todo lo que tienes
se juega en la ruleta.

Eres el padre ahora,
incluso cuando quieres
subir a la azotea
y recoger las flores
que nacen del vacío.
Incluso aunque se oiga
un llanto indefinible
tras la delgada puerta
de los aseos públicos.

Ahora eres el padre,
incluso si no sabes
sujetar el dolor
con tu mano en su mano,
volverlo comprensible.
Incluso si no quedan
coartadas, los focos

te iluminan y, sobre el escenario,
una boca se abre
y aguarda su tasajo.

E incluso si te juegas
el centro del estómago
al uno, impar y falta,
cada vez que despiertes,
igual que un meteorólogo
preso por el invierno,
serás de nuevo el padre.

                          Y aunque
has visto demasiadas
veces cómo termina la película,
precisamente porque
eres tan solo el padre,
tendrá que ser distinto,
te dices, esta vez
ha de serlo.

Ha de serlo.
Ha de serlo.

Te miras al espejo.
Montas el celuloide
al fondo de los ojos
de alguien que no eres tú,
pero se te parece.

Se rueda.

La partida ha empezado.
Cabalgarás el lomo
encabritado y azul de la esperanza:
ese monstruo implacable
al que prestas tus órganos
te mira ya soberbio relamiéndose.

No existe otra manera.
Ojalá se pudiera
como un país lejano
o algún otro satélite distinto de la Luna.

Tan solo descoser
las costuras del tiempo,
dejarse respirar por el autómata
y entrar al laberinto.

Salir del baño y ser
únicamente el padre:
lo demás –que creíste– ya no importa.

VII.

Para Khalid

(Puerta de la UCI pediátrica. 4.00 a.m.)

Una luz blanquecina nos recibe
al salir de la UCI.
Nos miramos,
ambos de pie, enfrentados,

y vemos nuestra cara reflejada
en el rostro del otro.
Dos Sísifos que empujan
una roca imposible dentro de la garganta.
Cuatro dedos que pulsan
nerviosos un teléfono.
Cuatro pies que conocen
que doscientas baldosas componen el pasillo
de la segunda planta,
que el rumor de las máquinas es igual al silencio
frío en los hospitales,
que afuera alguna sombra
apura un cigarrillo
por esta noche huérfana de arañas y de gatos.
Nos miramos, como dos camareros
observando con lástima
al último cliente en la hora del cierre.
No nos decimos nada.
Se ha acabado la tregua.
El insomnio te aguarda.
Empujas esa puerta.
Entras de nuevo al box, pero te quedas
también en el pasillo.
Él se queda: algo suyo
entra también contigo.

VIII.

Para Paloma

(planta -3 Parking de La Arrixaca)

¿Quiénes somos nosotros
–nos preguntan a veces–
para forzar todos los protocolos,
irrumpir en despachos,
reclamar la presencia de los médicos,
exigir las terapias
que a otros fueron negadas?
Muy sencillo:
somos los monstruos
que gritan,
a oscuras,
aferrados
con sus manos vacías
al volante del coche,
cuando no queda nadie
y sacan la basura
y los restos grumosos
de todo lo que fuimos
y se apagan temblorosas las luces
del parking del hospital.

IX. Virgilio (IX círculo)

A todos los trabajadores de la Sanidad pública,
con nuestra mayor gratitud.

Tu se' lo mio maestro e 'l mio autore
Dante, *Inferno.*

No hace falta permiso
para que te presentes.
Tampoco es necesario.
Conocemos tu nombre:
Maricruz, Ascensión,
Carlos, Alberto, Carmen,
Puri, Esther, Sebastián,
Elena, Luisa, Karen,
María, Julia, Juan,
Belén, María José,
Sonia, Juani, Raúl,
Anabel y Almudena.
Fuiste médica de UCI,
fuiste fisio, terapeuta,
enfermera, logopeda.
Te vimos cada día
venir junto a nuestro hijo.
Supiste escucharnos
en medio del dolor.
Dijiste que era difícil
lograr que despertara,
lograr que caminara o que saliera adelante,
que no debíamos en ningún caso engañarnos,
que había que luchar hasta el último aliento.

Vimos cómo lo hacías:
nos entregaste tu ejemplo.
Leímos en tu rostro una verdad diáfana.
Tuviste siempre clara la sutil diferencia
que va de la ilusión a la esperanza.
Nos diste lo segundo.
A diferencia de otros
–paladines del desahucio–,
creíste en nuestro hijo.
Pusiste lo que tenías encima de la mesa.
No te guardaste nada
ni ahorraste esfuerzo alguno,
un paso por delante
de todo protocolo.
Y nunca permitiste
que bajáramos los brazos.
Tus actos de ti hablaban, no tus palabras.
Nunca vimos tu nombre escrito con mayúsculas
en la puerta de ningún despacho,
y muy difícilmente los políticos
se acordarán de ti para algún puesto importante.
Sin embargo,
salvaste a nuestro hijo
haciendo tu trabajo.
Nos ofreciste tu mano
en medio del naufragio
y, como hizo Virgilio cuando se apareció a Dante,
atravesaste el infierno a nuestro lado.
Nunca te olvidaremos,
porque una parte de ti
ya viaja con nosotros.

OTRO POEMA

¿No habrían de ser otras las palabras,
con tacto material,
peso, sustancia, cuerpo,
y no esta relación resbaladiza,
no este decorado,
no esta ciudad vacía y fundada en el desierto?
¿No habrías de ofrecer otro diario
con las anotaciones,
los números, las cifras,
los garabatos trémulos apenas esbozados
tras la marcha del médico?
¿Aquellos jeroglíficos
que entonces dibujaste
para entender un mapa
que te era incomprensible
(presión intracraneal,
las veces que inspiraba por minuto,
las veces que creíste
que movía los ojos persiguiendo un estímulo,
la respuesta abisal al roce de tus dedos),
para, tal vez cotejando
la inercia de esas páginas,
una clave de bóveda,
el rastro de un indicio
de alguna mejoría microscópica?
¿Sería eso un poema?
¿Horadaría la hogaza de silencio
hasta alcanzar el blanco de su carne?

¿Serviría a alguien más
que a ti dejar constancia
de que perseveraste
como un muerto viviente
por ese territorio quebradizo
detrás de la esperanza?

WHITMAN

(poema de amor)

A Natalia

«Divina Poesía,
tú de la soledad habitadora».
Andrés Bello

La diosa Poesía no vino a socorrerte
en las horas oscuras en que, con Pizarnik,
quisiste fabricar una escala de venas
y huir al otro lado de la noche.
No llegó con la voz de Dylan Thomas
a decir que la muerte no tendría
dominio sobre él.
No vinieron las olas de los versos de Bécquer
a envolverte entre sábanas de espuma
cuando la primavera
no trajo aquel milagro que le negó a Machado,
sino los golpes tan fuertes que Vallejo intuyó.
Si, con Brines, temiste
verlo partir un día de la vida que amaste,
no lograste quemar, junto a Gelman, el miedo,
ni aprendiste, con Dickinson,
a vivir por encima del valor.

En medio de un verano de calor delirante,
ninguno de tus libros te ofrecía cobijo,
ninguno de sus versos supo hablar para ti.
Mas hubo poesía pese a todo.
La hubo: no se puede
vivir sin poesía.

Al acabar el turno y regresar a casa,
su voz,
sobre las azoteas de esta ciudad amarilla,
llegando hasta tu oído para que tú creyeras.
Sin más razonamiento, sin ningún silogismo,
cuando todo ha caído,
llegaba su llamada cada tarde.
Tú tirado en la cama,
el presente pendiendo de un hilo de nailon.
Su voz,
como de aloe vera cuando el viento quemaba,
atravesando el hielo
–la costra de tu alma–,
flotando en el espacio, como una sonda a Marte
para ir en su busca.
Tu esposa y madre de tu hijo dormido.
Hablándole. Hablándote.
Ella viendo una luz donde solo hay vacío.
Los tres en un ensueño a través del teléfono,
queriendo hacer real cada mínimo gesto.
Su voz:
un caramelo húmedo en el verano,
liberando los nudos que cosen la garganta,
abriéndote un camino detrás de la derrota
a ese mundo imposible
que no existe en los mapas que guían a los médicos.

Divina poesía.

Por eso estás aquí.
Por ella has peleado.
Con ella seguirás escribiendo tu línea
del poderoso drama
que imaginaba Whitman.

EL TEMA DEL DOBLE

> «Hay otros mundos, pero están en este».
> *Paul Éluard*

(Hotel Ibis Santa Coloma de Gramenet)

Como ocurre
con el tema del doble que aparece
en los cuentos de Borges que más amas,
con frecuencia imaginas
que hay lugares donde habitan tus otros
que te habrían esperado en otra vida.

No los conocerás, aunque sientes su ausencia
como la falta de una extremidad fantasma.
Su cuota de nostalgia o de melancolía,
su cuota de dolor y de esperanza
se advierten a deshoras reflejadas
por los escaparates de calles que recorres
de regreso al hotel.

Hay un lugar en otro mundo donde tu hijo
no sufre ningún daño.
Donde hemorragia cerebral son términos
que a ti nada dicen,
y el veinticinco de abril,
una fecha sin más del calendario.

Otro donde no has viajado
siguiendo una ambulancia,
hablando con tu esposa por el móvil
camino de Barcelona.

Donde nunca has debido
decidir qué hospital o tratamiento
resulta el adecuado
o donde no has luchado
contra el sistema médico
para exigir la terapia que él necesitaba.
Donde no has aceptado
una cama en casa de unos frailes
ni, por supuesto, enciendes
un cirio cada noche
que un día os regalaron, prometiendo
que rezarían por él.
Otro donde nunca te desvelas
mirando el pulsioxímetro,
donde el amanecer jamás te encuentra a solas
tomando un ansiolítico.
Otros universos donde, básicamente,
no atraviesas
el túnel de los horrores.

Mas tienes igualmente la certeza
de que no hay lugar
al que, en el fondo, a pesar del deseo,
quieras huir:
en todos esos mundos reconoces
la presencia luminosa de tu hijo
cuando miras atrás,
su lucha por vivir, aquí y ahora,
como un polo magnético
o un ancla que atraviesa el multiverso
y te arrastra de vuelta.

Decía Paul Éluard «Hay otros mundos,
pero están en este».
Para ti, no hay más caminos ni puertas,
no hay más alternativa
con derecho a existir que este presente.
De poder elegir,
todos tus avatares
dejarían atrás esos mundos sin duelo
para abrazar tu terror, tu misma incertidumbre,
donde todo es verdad o la verdad se revela.
Aquí y ahora tú eres
su cuota de nostalgia y de melancolía,
su cuota de dolor y, por lo mismo,
su inesperada cuota de esperanza
reflejada a deshoras en los escaparates
de unas calles –las suyas– que nunca has recorrido,
como estas de Badalona,
que mueren casi siempre
en este mar oscuro
al otro lado de las vías del tren.
Si él sale adelante,
cobrarán su sentido
galaxias y planetas que son abandonados
en cientos de universos paralelos.
Esta noche comprendes
que eres el traidor y eres el héroe,
que la vida es un filo de navaja
y que vivir consiste únicamente
en caminar por él.

Tal vez por eso,
desde todas tus vidas no vividas,
sin dudarlo un segundo,
envidiando tu suerte,
tus otros viajarían hasta este mismo instante,
hasta este mismo frío
de una noche de hotel en el verano de Santa Coloma,
lugar al que has venido
pidiéndole al futuro
una oportunidad.

Hoy sientes ese orgullo y los esperas,
como a fantasmas protectores,
y te abrazas con ellos,
y les ruegas el valor que no tienes,
cuando el sueño te alcanza,
para acudir mañana
de nuevo al hospital.

DÉDALO

¿Qué has de hacer si el mañana
regresa a ajustar cuentas?
Dime:
¿qué harás entonces
para encerrar el terror?
¿Fabricar laberintos?
¿Exiliarte de Cnosos a una isla remota?
¿Imaginar un monstruo
que defienda las puertas de esta ingrata ciudad?
¿Construir un tablado, comido por los celos,
para que bailen juntos Teseo y Ariadna?
¿Ayudar a Pasífae a engendrar a Asterión?
¿Es todo lo que resta
acaso el vertedero de tu orgullo?
¿Qué has de hacer si este sol
no os devuelve el futuro
que tanto has deseado?
¿Inventar una isla donde enterrar las lágrimas
que llevarán su nombre?
¿Cómo podrás seguir tu viaje hasta Sicilia
para escapar de Creta después de eso?
¿Cómo servir a Apolo?
¿Edificando un templo
que luego será pasto de la ruina?
¿Merecerás el nombre de ingeniero
si luego se derrumba?

¿Dónde te esconderás
hasta olvidar tu obra
y que esta a su vez sea
olvidada por todos los aqueos?
¿Podrás sobrevivir a toda esa nostalgia?
¿Habría sido escrito este poema
si no mañana nunca
tu, escombro, tu, desecho
de toda arquitectura?

Purgatorio

UT PICTURA POESIS

«Solo yo sé cuándo sobrevivimos».
Elena Medel

Rescatar el horror con palabras exactas
fue siempre una obsesión de la historia del arte.
Del axioma horaciano al *Laocoonte* de Lessing
la pregunta es la misma:
¿se puede traducir la imagen a palabra?
Es la clave de bóveda inscrita en toda écfrasis:
el *punctum* que atraviesa congelado el instante
nunca es reproducible en términos de tiempo,
por eso nunca logran las palabras
apresar el horror que se da simultáneo.
Las palabras no pueden
traducir la explosión de una galaxia entera,
la visión desolada del paisaje de Marte
o el silencio de un hijo conectado a las máquinas.
Solo queda el consuelo de las mudas imágenes,
su tiempo encapsulado, ofrecido instantáneo,
como te es ofrecido cada noche, venido,
como el velo fantasma de una fotografía,
de la mano del sueño, este extraño presente
que ahora dejas atrás.

ESCRITO ESTÁ EN MI ALMA VUESTRO GESTO

A todas las maestras que trabajan en los hospitales

Corren días de junio,
lo peor ha pasado.
Busco seguir tus ojos
tras el metacrilato que sostengo.
Tú miras a las letras y apuntas a colores
dispuestos frente a ti
para comunicarnos.
Voy anotando signos,
construyendo palabras dificultosamente.
De un modo no previsto en el *dolce stil novo*,
escribo yo tu gesto.

Me cuentas con los ojos
tus ideas, tus juegos favoritos,
el villano al que quieres vencer en la consola,
el sueño que has tenido…
algunas de las cosas que te gustaban antes.
Un antes que da vértigo:
la tierra prometida
adonde no sabemos si podremos volver.

Trato de comprenderte,
tenemos un sistema
que Luisa, la maestra, nos ayudó a crear.
Mas es muy complicado
y no soy yo tan hábil como es ella.
Cuando fallo, te enojas.
Si pierdes tu paciencia,
frunces el ceño y giras
el rostro, rehuyendo la mirada.

Cuando yo te pregunto
si vas a perdonarme,
niegas con la cabeza,
la parte de tu cuerpo que primero
has logrado mover.
Entonces me doy cuenta de que incluso
en esta situación inverosímil,
postrado tú en la cama de esta UCI,
parece abrirse paso un mundo cotidiano
que había sido borrado por una larga noche,
un mundo en el que existen
pequeñas discusiones como esta
y algún malentendido.

Me cuesta regañarte, aunque sea
flojito, como ahora,
pero me animo a hacerlo,
fingiendo que la vida
podrá ser una vez como fue el día
en que nos despedimos esa última vez,
cuando correteabas
alegre por la casa
y yo me resignaba
a soportar el tedio de un domingo cualquiera,
y siento una punzada en el costado:
Heráclito se ríe
de nuestra vanidad.

Como para arreglarlo,
reacciono por inercia
huyendo hacia delante,
buscando interpretar
para ti mi papel
de padre confiado en el mañana,
ese papel absurdo
en el teatro de la ternura y la impotencia.
Y te invito a intentar
repetir esa frase,
pues te aseguro
que «escrito está en mi alma vuestro gesto»
y que haré lo imposible
por avivar de nuevo esa luz en tus ojos,
más allá de mi fe, más allá de la lógica,
cuando logre leerte
una próxima vez.

VALL D´HEBRON

(Julio, 2021. Casa Ronald McDonald Barcelona)

¿En qué vuelta del tiempo,
amor, te has convertido
en campo de batalla,
cada uno de nosotros, engranaje
de una precisa máquina de guerra?
¿En qué instante rompimos la crisálida
de sábanas templadas y sudor compartido
hacia este purgatorio donde somos
luciérnagas que vuelan contra el viento,
la oscuridad y la luz de un faro que, dándose la
espalda,
se pierden en la niebla,
los siniestros pilares o las sombras
que sostienen la casa por teléfono
y calientan por turnos esta cama vacía
de Passeig Vall d' Hebron?

LA MÁQUINA DE VENDING

(Institut Guttmann)

Estamos en agosto.
En la máquina de vending
de la clínica Guttmann
hay phoskitos,
mars, twix y m&m´s,
hay sándwiches y zumos multifruta
de sabores extraños.
Hay ruffles al jamón, receta campesina,
kit kats y gominolas de la marca Haribo.
Tú te lo sabes todo.
Cada vez que pasamos
–yo empujando tu silla,
esa misma que lleva
colgado el pulsioxímetro–
levantas tu mirada luminosa,
apuntas con el dedo
y señalas qué quieres, insistente.
Yo trato de decirte
que no puedes comer,
que todavía tenemos
muchísimo trabajo logopédico
pendiente, que, cuando lo consigamos,
muy pronto media máquina
será nuestro botín
y haremos una fiesta memorable.
Lo obvio se revela:
no valen para ti mis argumentos.
Me miras enojado, tiras cosas al suelo,
me exiges ese euro por seguir adelante
como exige un peaje por cruzar la frontera
un funcionario corrupto de la antigua Unión Soviética.

Así que almacenamos en tu cuarto
dulces y chucherías para cuando
la disfagia sea solo un recuerdo,
cuando tu voz regrese
y regrese tu risa,
como un cristal precioso
tintineando alegre en mis oídos,
para decir "qué rico, papá"
o «es lo más rico que he comido nunca».
Te sales con la tuya:
te saldrás con la tuya cada vez que pasemos.
La luna es lo que el sabio
con frecuencia señala
si miramos el dedo.
Descubro
que, a pesar de que amase
este optimismo frágil que poder regalarte,
eres tú quien pareces
vivir en la esperanza
derrochando conmigo
esa clase de amor
que enciende el universo.

SECUELA

Buenas noches. Soy yo: la palabra secuela.
Anido en esta esquina fría del pensamiento,
aparezco de súbito y, cuando vas a dormirte,
desamarro las bestias hambrientas de tu cerebro.

Me pronuncias y a tus pies una sima se abre
de donde brota un líquido denso como petróleo.
Bates piernas y brazos, pero no hay superficie,
y todo lo que asciende se parece al veneno.

Me escuchas y, de pronto, rugen mistral y cierzo,
arrasan las riadas los templos y las naves
y todo lo que arrastran mis terrosas tormentas
revoca los pulmones de un estuco de cieno.

Con mi peso se aplasta la luz de los volúmenes,
y a mi sombra se extienden hacia el gris horizonte
los tentáculos muertos de anémonas oscuras
que laceran la piel e inoculan el miedo.

Detrás de mí se ríen de ti tus enemigos,
y el futuro se arruga como un bicho de bola
y hay fantasmas dormidos que despiertan gritando
y atraviesan la noche como corceles negros.

Sus preguntas inútiles se acumulan en círculos
y su respuesta es ácida, como un charco de lluvia
en el que chapotea como paloma herida
tu corazón abierto y roto por la derrota.

No supiste otro modo de seguir adelante
que amasar este amor con tus débiles manos,
y el amor, ya lo sabes, nunca lo puede todo
pues es incompatible con cada una de mis sílabas.

Elegiste ser padre antes que ser persona
para arañar un gramo de piel de cada célula
cuando yo había cerrado sobre él ya mi mandíbula.
Y has llegado muy lejos, pero has de tomar nota:

te he dado esta ventaja porque sé que no existe
habitación alguna que proteja tu sueño,
ni habrá una carretera por la que no te alcance.
Yo te alquilo ese sótano donde cuentas el tiempo.

Si el dolor es un río que circula por túneles,
y aun así tú te niegas a entregar tu esperanza,
borra todas las veces que alguien dijo imposible
y acaba este poema para seguir corriendo.

LA SALA DE LOS CEREBROS ROTOS

A todas las profesionales de la rehabilitación

(Centro de neurorrehabilitación Casa Verde Murcia)

Te veo cada tarde
atravesar la sala
de los cerebros rotos,
caminar el pasillo de tarima,
perderte tras la puerta
hasta dejarme solo.

Mujeres ataviadas
con un pijama verde
y el logo de la clínica
irrumpen sonriendo.
Son ellas las que siempre
cuidan de lo importante.
Los llaman por su nombre,
se aferran a sus sillas
o los cogen del brazo.
Vacían el vestíbulo
y atrás quedan a veces
algunxs como yo.

Suelo fijarme en ellxs.
Acompañantes, nos llaman.
Seres como varados
al margen del camino.
Estamos todxs juntxs,
pero estamos muy lejos.

Llevamos en el rostro
escrito el mismo estigma
con los distintos grados
de un dolor que es idéntico.
Mas cada cual alberga
muy diferentes sueños
y grita otras palabras cada noche
tapándose la boca con las manos.
Cognición, equilibrio,
movilidad, lenguaje,
esfínteres, disfagia:
las fórmulas diversas
de un íntimo deseo
que nunca se consuma
definitivamente.

Nos une este cansancio
y las noches en vela,
la misma vocación
por el malabarismo,
comer todo el desánimo
que arrojan por su culo
los amos del desahucio,
la amarga sensación
de haberse derrumbado
la vida que llevábamos.

Y, sin embargo,
nos aleja saber

que la hora de fisio
cuesta cuarenta euros,
que Sanidad nos cubre
como una manta corta
que no es dios, sino el dinero
quien paga los milagros,
que tras cerrar la puerta de la calle
comienza la sesión de matemáticas
y no todxs podremos
subir esta escalera
de peldaños partidos.

Nos parecemos, por eso,
y no nos parecemos.
Como, por ejemplo, ahora,
cuando nos despedimos,
al cabo de esta tarde de verano,
y nos marchamos juntos
haciendo un comentario positivo,
en un escalofrío en que coinciden
el rencor y la culpa,
y regresamos a casa,
tú cruzando tu mundo,
con tus blancas palabras ocurrentes,
y yo,
disimulando mi grito,
mi sueño, mi deseo,
que nos traerán mañana
a pisar la tarima
de esta sala de espera
de los cerebros rotos.

INTERROGANTE

El tiempo que pediste
y que te ha sido dado
bien puede reducirse al que se tarda
en pronunciar una sola pregunta:
adónde la semilla
de la vida que pasa
a través de los cuerpos
que luego serán polvo
suspendido en el viento
o, dicho de otro modo,
qué hiciste con el fruto
que te tocó cuidar.

Paradiso

DEVASTACIÓN

> «Abril es el mes más cruel«
> TS Eliot

(Seis meses después)

Abril es el mes más cruel, decía TS Eliot.
Habías conocido
el significado de las otras palabras:
palabras como pérdida, como duelo o ausencia.
Por la ventanilla de aquel Peugeot de tu infancia
fuiste dejando atrás los árboles del dolor.
En abril, sin embargo, cuando no lo esperabas,
descubriste que el duelo acumulado
iba a ser un preludio,
las ausencias, tan solo
una sombra borrosa,
y la pérdida, apenas
una hoja ingrávida suspendida en el viento:
tres montones de arena
al costado de la devastación.

Es esa la palabra
que da título al poema.
No encuentras otro término capaz de contener
aquellas seis semanas aferrado
a su mano de nieve,
tocando sus canciones a guitarra
y leyendo sus cuentos
impostando alegría en el tono de voz.
En mayo vigilabas
sus constantes vitales en las máquinas,
y despertabas lástima entre las enfermeras,
cuando en noches insomnes a su lado

suplicabas a dios que te quitase la vida,
como la tempestad
arranca las raíces en los versos románticos,
y a los médicos, droga
–el acto humanitario del que ellos son capaces–
para no despertar hasta que hubiese vuelto.

Aprendiste, no obstante,
que el tiempo es una inercia que permite
atravesar sin agua el páramo desierto,
que incluso lo impensable puede ocurrir a veces,
que, si la muerte te escupe, exánime, a la vida,
has de ponerte en pie y seguir caminando
sin hacerte preguntas,
desbrozando la selva con las manos.

Medio año después,
incluso ese dolor parece disiparse:
tu HIJO está de vuelta, solo cabe en mayúsculas.
Nunca serás el mismo:
roto el velo del templo,
has mudado de piel como una serpiente.
Y todavía hoy, cuando cierras los párpados,
te ves de nuevo allí,
tu cuerpo detenido a las puertas de la UCI
como en un bar de carretera en medio del invierno
entre almendros sin flores,
reuniendo algún valor para entrar sosteniendo
la mirada de tu esposa en el cambio de turno,

para darle un abrazo a la salida,
sin que flaqueen las piernas,
e insuflarle así un «ánimo» del que no eras capaz.

Después de todo eso,
cada vez que sonríes te parece imposible:
«no eres tú», hoy te dices.
Sigues teniendo miedo:
no sabes si podrás
devolverle todo lo que merece,
pero abres los ojos, regresas al presente
y miras a tu lado y lo ves jugando.
Tu niño de ocho años.
No sabes si es real o si es cosa de Matrix
y, sin embargo, sientes
que es aún más irreal todo lo que has vivido.
A pesar del páramo helado,
a pesar de este invierno de almendros sin flores,
de que vivir solo sea
ganarle un pulso al miedo cada día,
albergas otra vez la pequeña esperanza
—no sabes otro modo de seguir adelante
(y hay que seguir, tan solo esa certeza)—
de que os aguarda,
entre las hojas secas,
aún algo parecido a la felicidad.

DEFINICIÓN DE VUELO

A todos los amigos que lo vieron volar

«Los abrazos son vientos concentrados y sabios»
Aurora Luque

«este año y tres meses,
(...) que ya son,
ahora, recordados,
los más felices de mi vida»
Luis García Montero

No hay nada más hermoso
que ver volar a un hijo.
Precisemos:
volar es un decir.
Ninguno somos Dédalo.
Habría de entenderse
por volar, por ejemplo,
el latido cardíaco;
el aire en los pulmones;
regularse otra vez su temperatura;
dejar de depender de un respirador;
apretar tímidamente
un dedo de tu mano con la suya;
volver a abrir los ojos
e inaugurar el mundo;
como una oscura música
en el fondo del cuerpo,
oír su tos refleja;
con la fe de un Arquímedes
en su punto de apoyo,
levantar una ceja
y, después, el pulgar;

controlar bien el tronco y la cabeza;
hacer con una silla
de ruedas, por la clínica,
una nave espacial
para cazar *pokèmon;*
ponerse luego en pie,
no doblar las rodillas
ni en la peor batalla,
ni ante el peor enemigo,
y mantenerse erguido
veinte, treinta minutos,
como esperando el batir del oleaje;
hacer de Lewis Hamilton
hasta dejar atrás la sialorrea;
caminar unos pasos
y después otros más
hasta alcanzarte;
darte luego un abrazo,
como un golpe de viento
tan sabio y concentrado
que rompe las tinieblas
que ocultan la esperanza;
dibujar unos círculos
y dentro un corazón
con nuestros nombres,
imaginar su centro
un país donde estemos
a salvo para siempre;
saltar por vez primera,
jugar al baloncesto,

golpear un balón de una patada,
subir la colchoneta,
derrotar al villano de la última fase;
tirarse en tobogán junto a su hermana,
verlos juntos reírse sentados en la hierba;
comer primero espuma,
después, unas natillas,
finalmente, una hamburguesa de McDonald´s,
sin importarnos nada la dieta saludable;
volver a ser feliz
como solo son felices los niños,
escucharle de nuevo,
tras meses de silencio,
pronunciar un te quiero
como nunca has oído,
su voz, como una aguja que atraviesa
la piel del Paraíso.

Era el peor de los tiempos.
Fue el mejor de los tiempos.

Acabo ya.

Os lo aseguro:
no hay nada más hermoso
que ver volar a un hijo.

ELEFANTE

(Planta 1. Quirófanos. Hospital pediátrico Virgen de la Arrixaca)

Corren los últimos
días del mes de marzo.
Te sientas en los bancos
con butacas de plástico
de la sala de espera
que hay frente a quirófano.
Tienes un elefante de peluche
deshecho entre las manos
y hoy todo te parece
como un viaje al pasado.

Son los mismos asientos
de colores chillones
donde tú te sentabas hace un año:
naranjas, amarillos,
azules, verdes...
                lo típico.
La idea es hacer
que el hospital parezca
un lugar más alegre,
decorado, con pinta
de parque de atracciones,
de escuela Montessori
o de circo ambulante.
La intención es loable:
proteger la cabeza
de pensamientos tétricos,
de recuerdos fatales
que construimos pisando
pasillos como este.

Frente a ti hay ahora
los rostros de otros padres:
mujeres con hiyab,
cruzándose de brazos,
abrazando la madre
como apretando el mundo;
hombres sin afeitar
con expresión ausente,
buceando en sus móviles
como si se lanzaran al vacío;
una anciana teñida,
de pelo ensortijado,
hablando con su nuera por teléfono
entrecortadamente,
quebrando las palabras
bajo la mascarilla,

tal vez tienen más suerte
de la que tú tuviste,
y lo suyo no es grave,
quizá una cirugía programada
o una anécdota más
que contarán de viejos.
O tal vez sí lo sea
y ninguno aún sepa
–puestos a imaginar–
que el aire que ahora ingresa en los pulmones
ya no les pertenece,

que tal vez lo ocurrido
es la boca de un túnel
al centro de la Tierra,
donde tú ya has estado.

Cada treinta minutos
una voz los reclama
repartiendo la suerte
de la ciencia y el hombre.
«Familiares de Bruno»,
acabáis de escuchar.
Una pareja se levanta
desordenadamente
y se pierde tras la puerta.
Ser padre es ese vuelco del estómago,
es ese sobresalto
al oír ese nombre
como una guillotina
invisible flotando por el aire,
recorrer unos metros
hasta el punto en que aguarda
la delgada figura del cirujano
y atreverse a mirarle a los ojos
para ver tu futuro,
el resto de una vida
–una raya en el agua–
en el tono de voz.

Te preguntas entonces
qué piensan esos padres
de ti cuando te miran,
si también se preguntan
a qué has venido tú,
con qué derecho llegas
a ocupar esa silla de colores,
el porqué de tu suerte
que otros no han tenido
si vienes solo a hacer
que cierre una traqueotomía.
Imaginas sus voces
y en ellas las de otros
padres que has conocido en este tiempo:
¿Por qué no eres nosotros
ni tu hijo es nuestro hijo?
¿Por qué en él no se cumplen
los pronósticos dados?
¿Por qué, si te dijeron
aquello tan terrible?
Dinos qué has hecho tú
para reescribir la historia.
¿Es ese tu secreto?
¿Portas un talismán que te protege?
¿De quién el elefante
deshilachado que abrazas
esperando a que se abran
las puertas de quirófano?

Bajas la vista y miras
tus manos apretando el peluche,
queriendo rehuir
el vacío del aire entre los dedos.

Fue idea de tu esposa.
Os ha quedado ese tic
o ese fetichismo
siempre que habéis tenido
que alejaros de él.
Solo esperas que salga
y despierte de nuevo
para, así, devolvérselo:
en el fondo,
ser padre es ser también
un elefante roto
que cobra su sentido únicamente
deshecho en los abrazos de su dueño.

EL MUNDO SUBMARINO

Para Óscar y Sara

(Clínica UNER. Alicante)

Arribado a la costa,
las preguntas deshacen
su espuma en la mirada:
¿cómo continuar?
¿Por dónde caminar
atravesando el miedo
si el tiempo y el dolor
forman un cuerpo
de páginas en blanco,
si ensilla ya la vida para ti
su caballo de acero inoxidable?
¿Cómo accionar con éxito
la mecánica ciega
del curso de los días
cargando esta valija
de una tristeza rota
y las expectativas
que ya nunca serán?
¿Cómo vivir afuera
del amor y del daño
para correr de nuevo absurdamente
como han hecho todos
los siglos precedentes,
como todos los siglos
venideros harán?

¿Cómo empacar las cosas,
cómo entregar las llaves
y abandonar la casa,
dejarlo todo atrás
para salir de nuevo
hasta la superficie
donde todos se han ido
y ninguno recuerda ya los nombres
–los nombres que te importan–
ni sabe nada nadie
del mundo submarino,
con sus luces azules
y su dolor hermoso
como un extraño espécimen
con espinas que hieren
en la carne del pecho?
¿Existe acaso un tiempo
en medio de este tiempo
donde poner los pies y detenerse?
¿En qué país imposible
serán libres los hijos
del daño cerebral?

PROYECTO DE VIDA

(Un año después)

Si alguna vez te arrastra la marea
a las costas de Icaria en tu naufragio,
y se posan tus pies en sus remotas
playas de arena clara,
detente ante ese templo,
en cuyo frontispicio
se leen estas palabras que otro padre
escribió para ti:
Ahí tienes a tu hijo.
Cuídalo.
Constrúyele unas alas.
Protégelo del sol.
No dejes que sus labios acaricien
la palabra *abandono*.
Que vuele sobre el mar
toda una larga vida.
Que sean celebrados unos juegos
por cada uno de sus éxitos,
y brindes con los tuyos cada día
por sus sueños aéreos.
Que, cuando seas anciano,
sostenga tu cabeza entre sus manos
como tuviste tú
que hacerlo con tu padre.
Que sean sus bellos ojos
lo último que veas.

JUEGO DE CAFÉ

(Cafetería Mazón, Murcia)

Suelo escribir a veces
en las cafeterías.
Escribo con el ruido.
Su ajetreo permite
encender los sentidos.
Las cosas y la gente
se mueven más despacio,
y algo mío que hay dentro
suele salir a flote.
Los minutos que tardan
en traer el café
voy cayendo en el tiempo,
como si el peso viejo
de todo lo que he sido
se sentara conmigo.
Nunca nos peleamos
eso que he sido y yo
con café de por medio.
Si el mundo es necesario
–al menos, yo lo creo–,
se vuelve más pequeño y concentrado,
y menos importante.
Y cuando llega el líquido,
humeante, cremoso,
exhalando su aroma
hasta mi pituitaria,
los dedos se liberan
y todo ya es perfecto.

En las cafeterías
de hospitales y clínicas
por las que me he movido en estos años,
he visto muchas cosas.
Por ejemplo, una vez,
sentado en la terraza
de la cantina en Guttmann,
vi al fondo, en el pasillo,
bailando a una pareja
de unos cincuenta años.
Bailaban agarrados
en la hora de visitas.
Parecía, de lejos, que él llevaba
un codo en cabestrillo,
ella seguía el ritmo
con paciencia infinita.
Se notaban en él
las secuelas de un ictus
–hemiparesia izquierda,
cierta espasticidad–,
bailaban los dos juntos en silencio,
fascinados y serios,
como supervivientes
que salieron ilesos
de una guerra mundial,
como si no tuvieran
nada que perdonarse.
Juntos los dos, felices,
bailando con un mundo
que brilla más que el nuestro.

El sabor del café
los ha traído hoy a mi memoria:
la imagen congelada de un amor
que lo atraviesa todo.
Los recuerdo bailando
y vuelvo a emocionarme.
Por cosas como esta,
me gusta escribir
en las cafeterías
esperando a que mi hijo
regrese de terapia.
Sentir también que baila
el mundo para mí.

LA ESPERANZA

«L'amor che move il sole e l'altre stelle»
Dante, *Canto XXXIII, Paradiso.*

«Tus hijos no son tus hijos»
Khalil Gibran

(Coda)

Vas a cerrar el libro
y una voz se abre paso en el silencio.
Vamos. Camina. (Dice).
Piensa en Khalil Gibran.
Dirige bien tu arco hacia el futuro.
Ofrece tu disparo
por todos esos padres,
por esas alas rotas,
por los niños perdidos,
por la vida, que aún tiene
un fulgor que deslumbra.
A pesar de que exista la palabra fracaso,
la posibilidad del no mañana nunca,
a pesar de que sabes
que el tiempo ya se ha roto
y no hallarás el modo de engañar a la esfinge,
destila la emoción inveterada
del acto cotidiano.
Bébela agradecido.
Acepta hoy su misterio
y planta una semilla antes de que anochezca,
aunque no veas tu nombre entre los créditos.
No tendréis una tierra:
será tu tierra el trigo de sus ojos.

No tendréis un hogar:
serán tu hogar las huellas
que han de dejar sus pies sobre la tierra.
No tendréis una brújula:
el tacto de sus manos será tu mapamundi.
Amor que mueve el sol y las estrellas,
prodigio y maravilla
de un mañana que no te pertenece.

Vuelve tu rostro ahora.
Inclínate.
Ella es un monstruo indómito, lo sabes,
mas sin ella no habrías iniciado tu viaje.
Desátala sin miedo.
No existe otra manera.
Concluye este poema con un verso:
milita para siempre en la esperanza.

EPÍLOGO

El Daño Cerebral Adquirido Infantil (DCAI) no es algo tan extraño como puede parecer. Aunque no existen estudios fiables para medir su incidencia en nuestro país, la asociación navarra Hiru Amabi estima que cada año en España entre 1357 y 1500 nuevos niños sufren una patología sobrevenida a causa de traumatismos craneoencefálicos (accidentes, caídas), tumores cerebrales, ictus, encefalopatías y otras enfermedades de carácter infeccioso. Se estima que 12244 niños vivían en 2022 en nuestro país lidiando con las secuelas del DCAI.

Las posibilidades que tienen los niños que han sufrido DCA de mejorar y recuperarse dependen no solo del estatus sociocultural y económico de sus familias, sino también del código postal. En 2024, en la Región de Murcia, donde vivo, no existe ningún centro público para pacientes infantiles en fase aguda o subaguda. En ocasiones, si hay suerte, los pacientes son derivados a centros especializados de otras Comunidades Autónomas.

El trabajo especializado e intensivo es fundamental en los primeros meses tras el DCA. Cada día cuenta. En la Región de Murcia, los servicios de rehabilitación ambulatoria en los hospitales están saturados y el tiempo por paciente es muy escaso. El trabajo posterior también es importante. El tiempo medio de rehabilitación subvencionada está entre los 6 y los 9 meses, cuando se estima que hasta los 18 meses hay posibilidades de mejora, más aún en caso de niños. Muchas familias no cuentan con los recursos para hacer frente a la rehabilitación necesaria para atenuar las secuelas del Daño Cerebral.

En Murcia, se tarda unos 15 meses en tramitar la solicitud de Dependencia, y esta no es retroactiva. Los meses que se demora en resolver, no son percibidos por el/la solicitante. Solo en esta Región, cerca de 1400 pacientes murieron en 2022 sin llegar a cobrar la prestación a la que tendrían derecho y muchos más lo hicieron sin siquiera haber iniciado el trámite.

Cuando le dije a mi hijo que estaba escribiendo un libro de poemas sobre todo lo que habíamos vivido, él me dio una idea para titularlo: *Los sueños aéreos*. No se me ocurre mejor título. *Los sueños aéreos*. Así son los sueños de los niños. Sueños que guardan el poder de hacerlos volar lejos. Sigamos esos sueños. Soplemos a favor de ellos. Sigamos militando en la esperanza.

La Fea Burguesía
— EDICIONES —

Este libro, *Los sueños aéreos*,
se acabó de imprimir en octubre de 2024

COLECCIÓN POESÍA

OTROS TÍTULOS

32. *A HOMBROS DE GIGANTES*
de ROSARIO GUARINO
Rústica con solapas, 70 páginas.
ISBN: 978-84-128591-4-0
PVP: 12,00 €

OTROS TÍTULOS

33. *LAS CONSECUENCIAS*
de XAVIER RODRÍGUEZ RUERA
Rústica con solapas, 98 páginas.
ISBN: 978-84-128591-8-8
PVP: 12,00 €

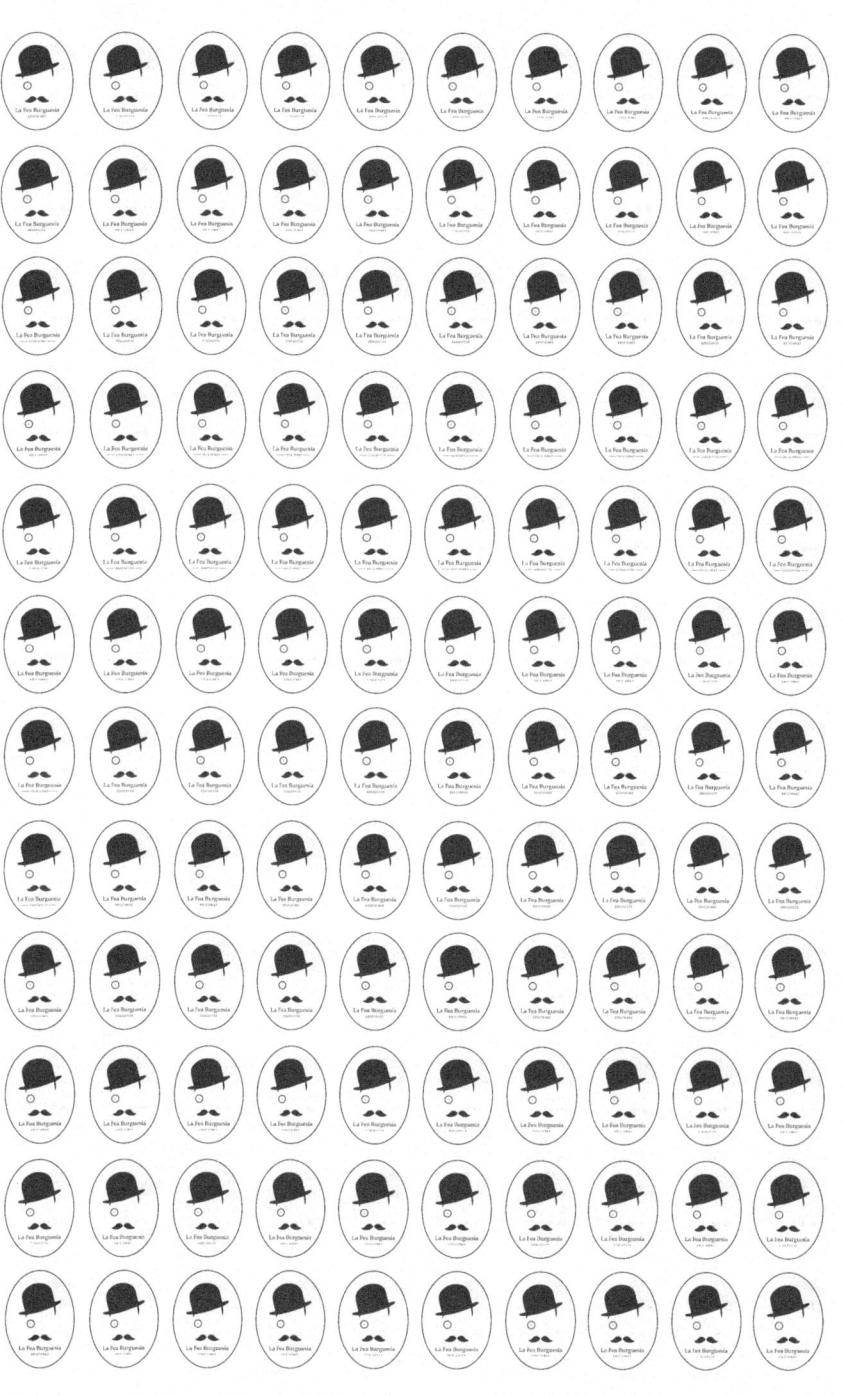